Impressum
Verlag: BABADADA GmbH, Nedderfeld 112 , 22529 Hamburg
Geschäftsführer / Verlagsleitung: Harald Hof
Druck: Books on Demand GmbH, In de Tarpen 42, 22848 Norderstedt

Imprint
Publisher: BABADADA GmbH, Nedderfeld 112 , 22529 Hamburg, Germany
Managing Director / Publishing direction: Harald Hof
Print: Books on Demand GmbH, In de Tarpen 42, 22848 Norderstedt

學校

kool

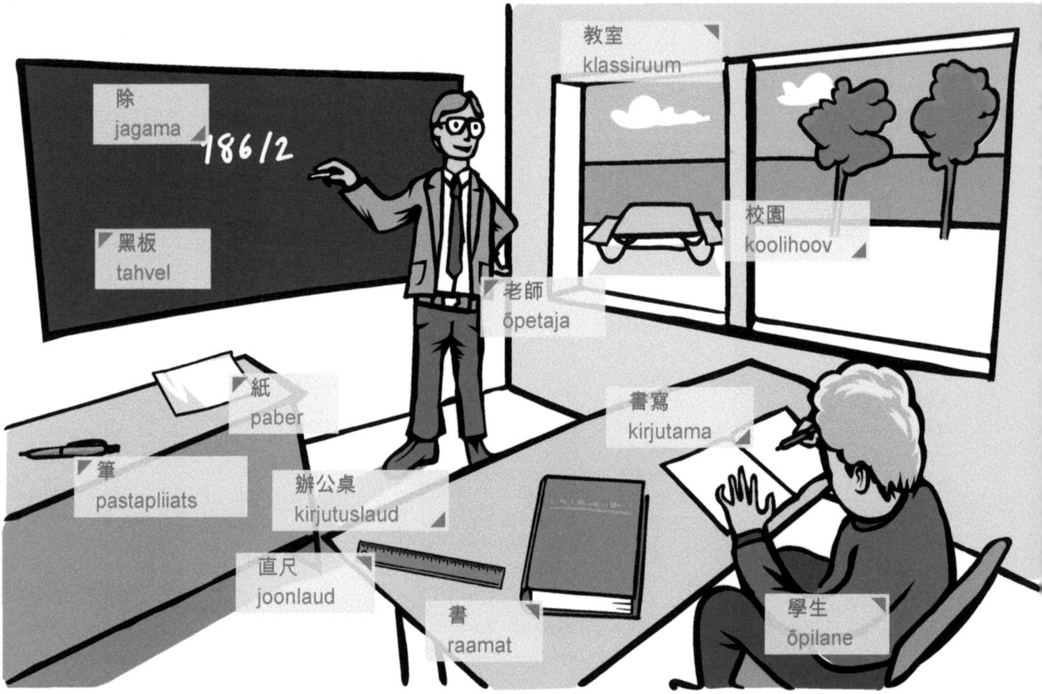

教室
klassiruum
除
jagama
186/2
黑板
tahvel
校園
koolihoov
老師
õpetaja
紙
paber
書寫
kirjutama
筆
pastapliiats
辦公桌
kirjutuslaud
直尺
joonlaud
書
raamat
學生
õpilane

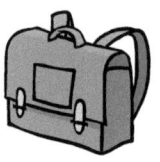

書包

koolikott

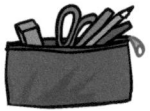

鉛筆盒

pinal

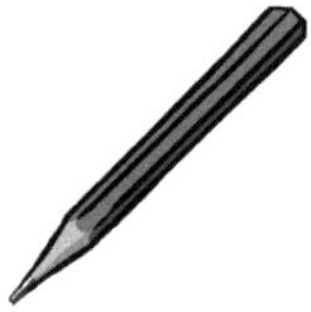

鉛筆

harilik pliiats

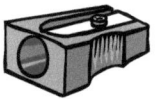

削鉛筆機

pliiatsiteritaja

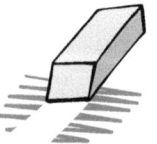

橡皮擦

kustukumm

畫板

joonistusplokk

圖畫
joonistus

畫筆
pintsel

顏料盒
värvikarp

剪刀
käärid

膠水
liim

練習冊
töövihik

家庭作業
kodutöö

數字
number

加
liitma

減
lahutama

乘
korrutama

計算
arvutama

字母
täht

字母表
tähestik

字
sõna

課文

tekst

讀

lugema

粉筆

kriit

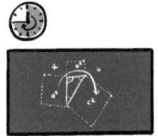

上課

koolitund

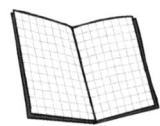

登記

klassipäevik

考試

eksam

證書

tunnistus

校服

koolivorm

教育

haridus

百科全書

entsüklopeedia

大學

ülikool

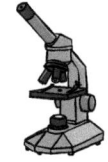

顯微鏡

mikroskoop

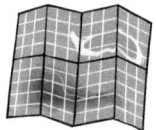

地圖

kaart

廢紙簍

paberikorv

學校 - kool

旅行

reisimine

飯店
hotell
Grand
青年旅社
hostel
ROOMS
外幣兌換處
valuutavahetuspunkt
手提箱
kohver
汽車
auto

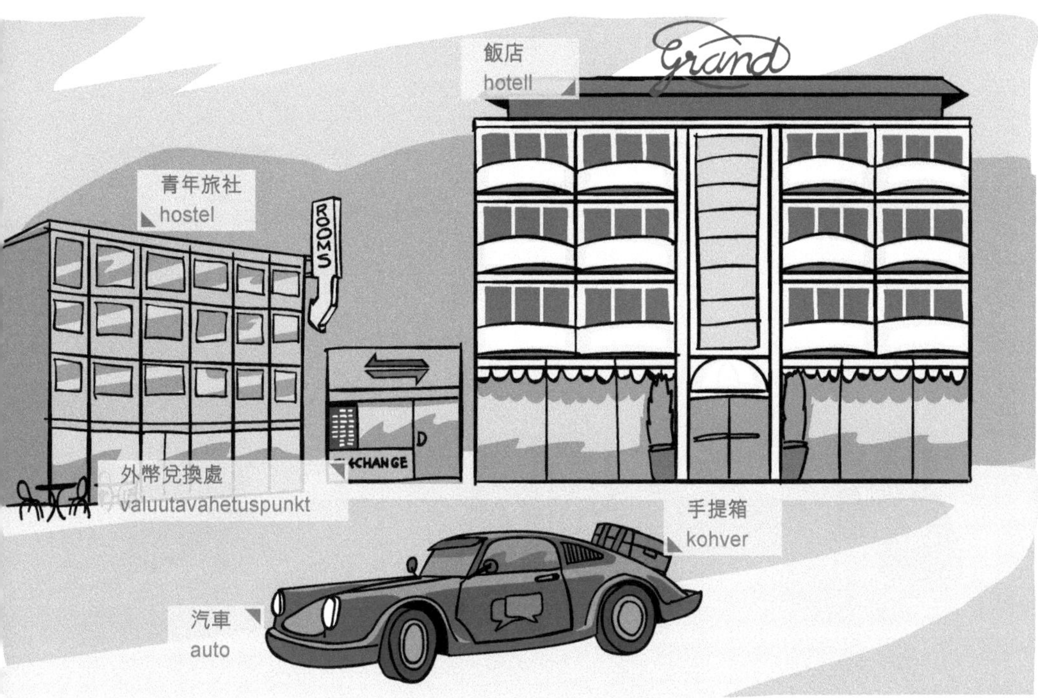

語言

keel

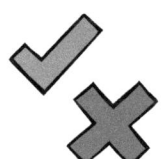

是/否

jah / ei

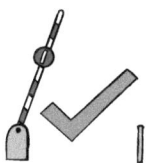

好的

okei

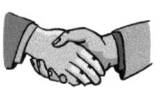

您好

Tere!

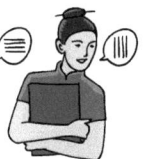

翻譯人員

tõlk

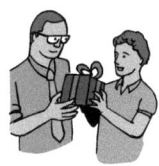

謝謝

Aitäh!

……多少錢？

Kui palju maksab …?

我不明白

Ma ei saa aru

問題

probleem

晚上好！

Tere õhtust!

早上好！

Tere hommikust!

晚安！

Head ööd!

再見

Head aega!

方向

suund

行李

pagas

包

kott

背包

seljakott

客人

külaline

房間

tuba

睡袋

magamiskott

帳篷

telk

旅行資訊

turismiinfo

海灘

rand

信用卡

krediitkaart

早餐

hommikusöök

午餐

lõunasöök

晚餐

õhtusöök

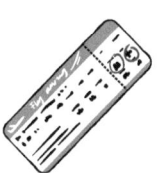

票

pilet

電梯

lift

郵票

postmark

邊界

riigipiir

海關

toll

大使館

saatkond

簽證

viisa

護照

pass

交通運送

transport

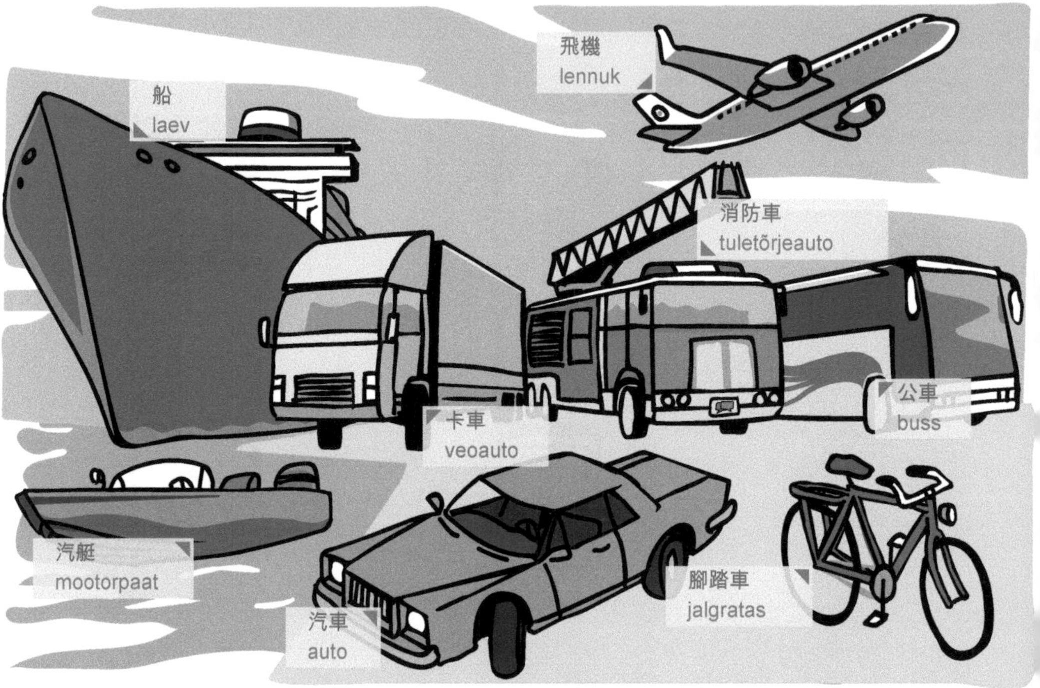
飛機
lennuk
船
laev
消防車
tuletõrjeauto
公車
buss
卡車
veoauto
汽艇
mootorpaat
腳踏車
jalgratas
汽車
auto

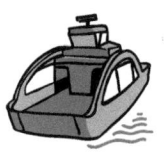

渡輪

praam

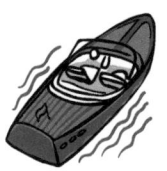

小船

paat

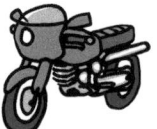

機車

mootorratas

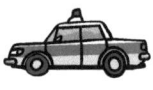

警車

politseiauto

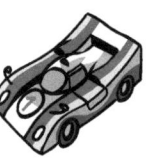

賽車

võidusõiduauto

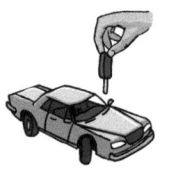

租車

rendiauto

拼車

ühisauto

拖車

puksiirauto

垃圾車

prügiauto

馬達

mootor

汽油

kütus

加油站

tankla

交通標識

liiklusmärk

交通

liiklus

交通堵塞

liiklusummik

停車場

parkla

火車站

raudteejaam

軌道

rööpad

火車

rong

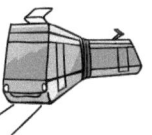

路面電車

tramm

客車廂

vagun

交通運送 - transport

直升機

helikopter

機場

lennujaam

塔

torn

乘客

reisija

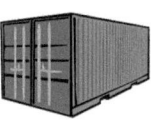

集裝箱

konteiner

紙板箱

pappkast

手推車

käru

籃子

korv

起飛/降落

õhku tõusma / maanduma

城市

linn

村莊

küla

市中心

kesklinn

房子

maja

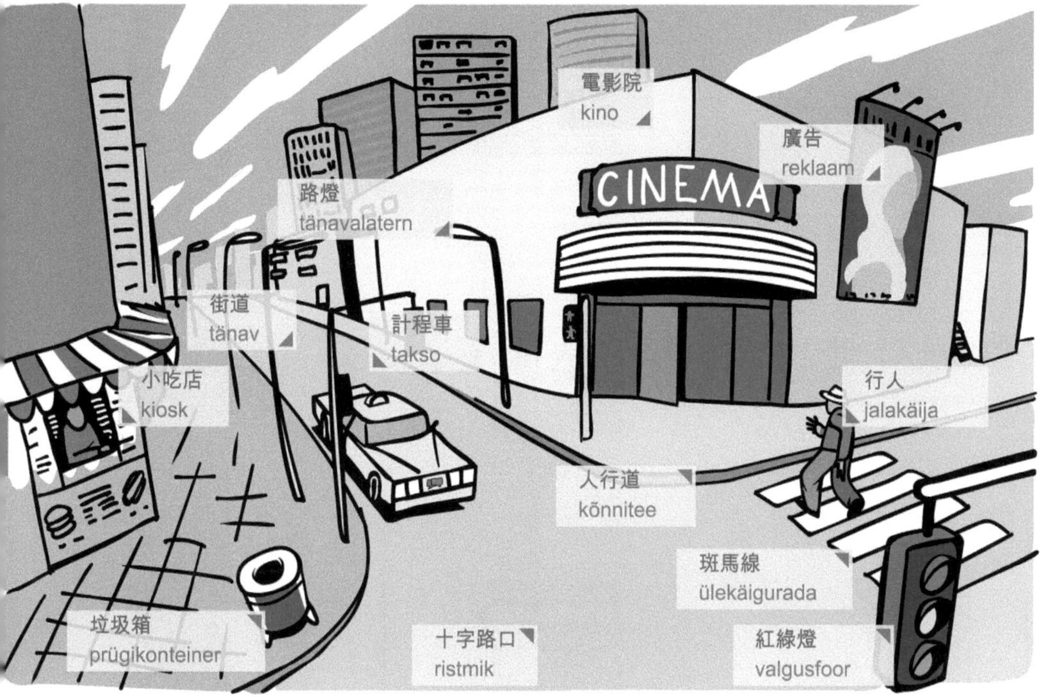

電影院
kino
CINEMA
廣告
reklaam
路燈
tänavalatern
街道
tänav
計程車
takso
小吃店
kiosk
行人
jalakäija
人行道
kõnnitee
斑馬線
ülekäigurada
垃圾箱
prügikonteiner
十字路口
ristmik
紅綠燈
valgusfoor

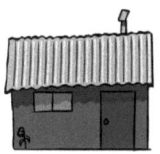

小屋

osmik

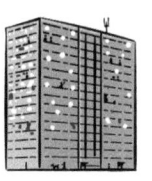

公寓

kortermaja

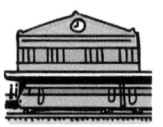

火車站

raudteejaam

市政廳

raekoda

MUSEUM

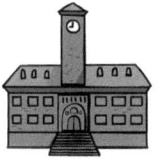

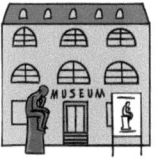

博物館

muuseum

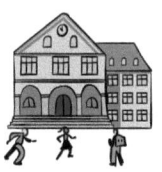

學校

kool

大學

ülikool

銀行

pank

醫院

haigla

飯店

hotell

藥房

apteek

辦公室

kontor

書店

raamatupood

商店

kauplus

花店

lillepood

超市

supermarket

市場

turg

百貨商店

kaubamaja

魚店

kalapood

購物中心

kaubanduskeskus

海港

sadam

公園

park

長凳

pink

橋

sild

樓梯

trepp

捷運

metroo

隧道

tunnel

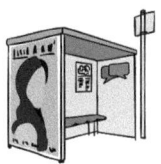

公車站

bussipeatus

酒吧

baar

餐館

restoran

郵筒

postkast

路標

tänavasilt

停車計時器

parkimisautomaat

動物園

loomaaed

游泳池

ujula

清真寺

mošee

農場
talu

污染
reostus

墓地
surnuaed

教堂
kirik

操場
mänguväljak

寺廟
tempel

地形
maastik

樹葉
leht

指示牌
teeviit

路
tee

草地
aas

石頭
kivi

徒步旅行者
matkaja

樹
puu

河
jõgi

草
rohi

花
lill

峽谷

org

丘陵

mägi

湖

järv

森林

mets

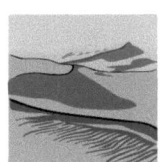

沙漠

kõrb

火山

vulkaan

城堡

linnus

彩虹

vikerkaar

蘑菇

seen

棕櫚樹

palm

蚊子

sääsk

蒼蠅

kärbes

螞蟻

sipelgas

蜜蜂

mesilane

蜘蛛

ämblik

甲蟲

mardikas

青蛙

konn

松鼠

orav

刺蝟

siil

野兔

jänes

貓頭鷹

öökull

鳥

lind

天鵝

luik

野豬

metssiga

鹿

hirv

麋鹿

põder

水壩

pais

風力發電機

tuuleturbiin

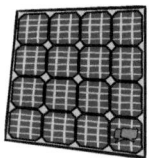

太陽能電池板

päikesepaneel

氣候

kliima

餐館
restoran

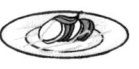

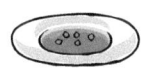

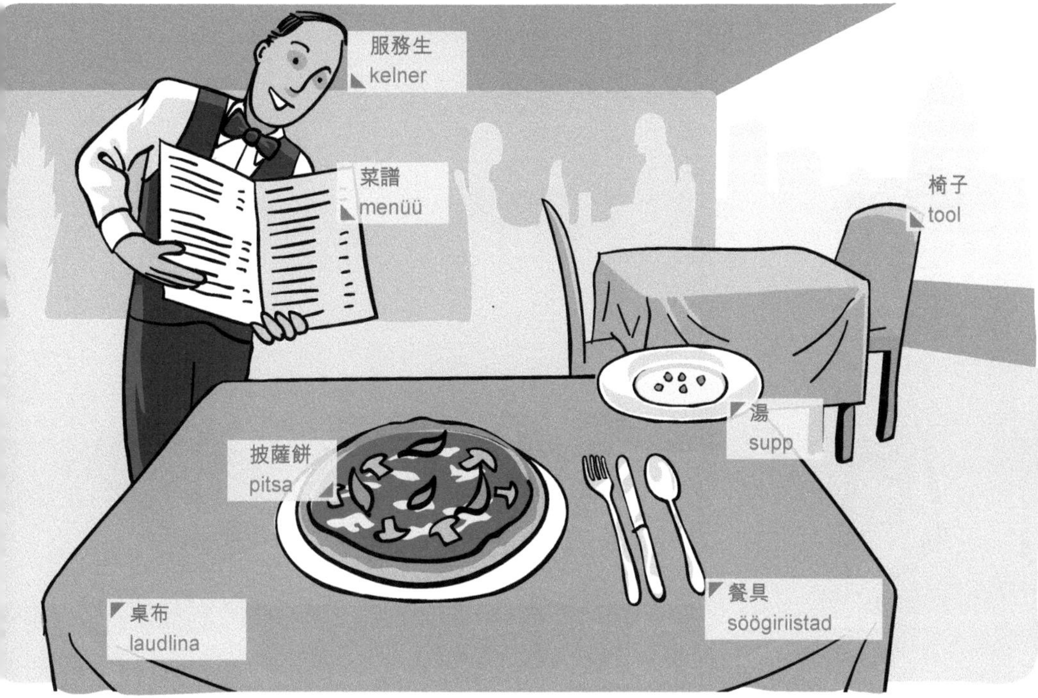

服務生
kelner
菜譜
menüü
椅子
tool
湯
supp
披薩餅
pitsa
桌布
laudlina
餐具
söögiriistad

前菜
eelroog

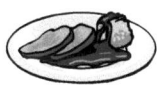

主菜
pearoog

甜點
magustoit

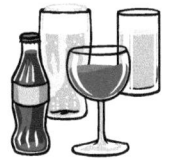

飲料
joogid

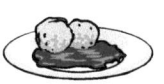

食物
toit

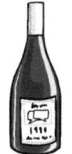

瓶子
pudel

速食

kiirtoit

街邊小吃

tänavatoit

茶壺

teekann

糖盒

suhkrutoos

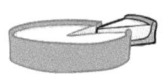

一份飯菜

portsjon

義式咖啡機

espressomasin

高腳椅

lastetool

帳單

arve

托盤

kandik

刀

nuga

餐叉

kahvel

勺子

lusikas

茶匙

teelusikas

餐巾

salvrätik

玻璃杯

klaas

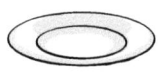

碟子

taldrik

湯盤

supitaldrik

碟子

alustass

醬

kaste

鹽瓶

soolatoos

胡椒研磨罐

pipraveski

醋

äädikas

食用油

õli

調味料

vürtsid

番茄醬

ketšup

芥末

sinep

美乃滋

majonees

超市

supermarket

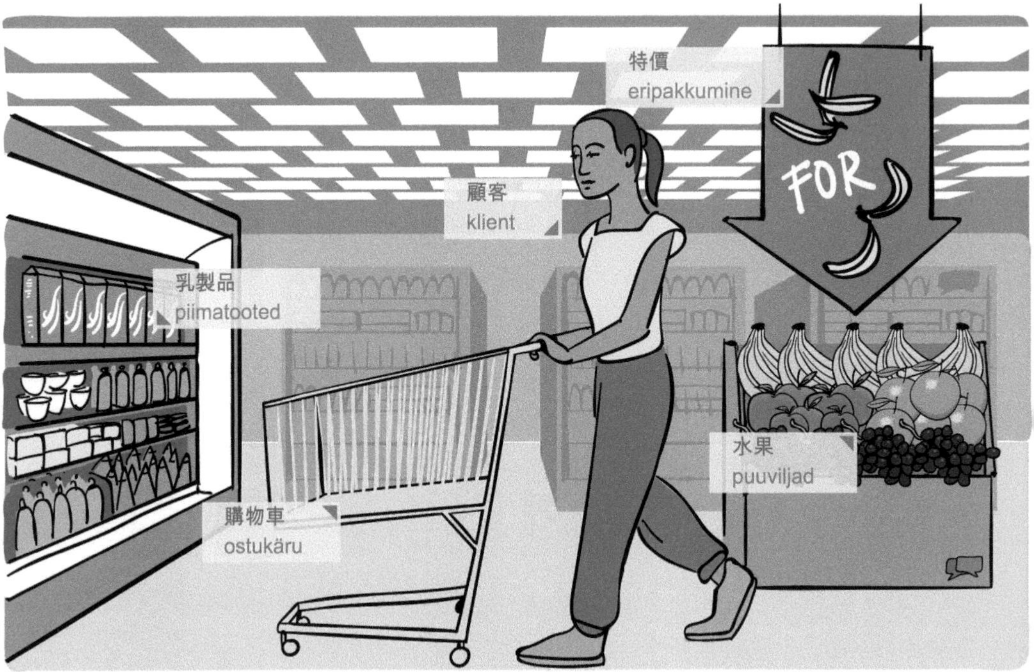

特價
eripakkumine
FOR
顧客
klient
乳製品
piimatooted
水果
puuviljad
購物車
ostukäru

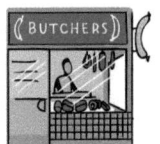

BUTCHERS

肉鋪

lihapood

BAKERY

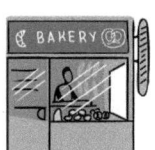

麵包店

pagariäri

稱重

kaaluma

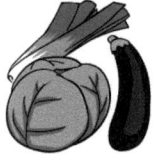

蔬菜

köögiviljad

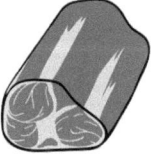

肉

liha

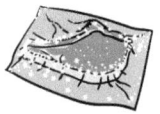

冷凍食品

külmutatud toit

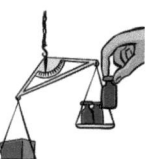

冷盤
lihalõigud

罐頭食品
konservid

洗衣粉
pesupulber

甜食
maiustused

日用品
majatarbed

清潔用品
puhastustooted

銷售員
müüja

收銀機
kassaaparaat

收銀員
kassapidaja

購物清單
ostunimekiri

開放時間
lahtiolekuajad

錢包
rahakott

信用卡
krediitkaart

袋子
kott

塑膠袋
kilekott

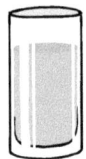

水

vesi

果汁

mahl

牛奶

piim

可樂

koola

紅酒

vein

啤酒

õlu

酒

alkohol

可可

kakao

茶

tee

咖啡

kohv

義式濃縮咖啡

espresso

卡布奇諾

cappuccino

香蕉

banaan

蘋果

õun

柳丁

apelsin

西瓜

arbuus

檸檬

sidrun

胡蘿蔔

porgand

大蒜

küüslauk

竹子

bambus

洋蔥

sibul

蘑菇

seen

堅果

pähklid

麵條

nuudlid

義大利麵

spagetid

米飯

riis

沙拉

salat

薯條

friikartulid

炸馬鈴薯

praekartulid

披薩餅

pitsa

漢堡

hamburger

三明治

võileib

炸豬排

šnitsel

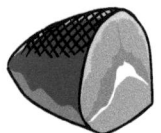

火腿

sink

義大利臘腸

salaami

香腸

vorst

雞肉

kana

烤肉

praeliha

魚

kala

燕麥片

kaerahelbed

木斯里

müsli

玉米片

maisihelbed

麵粉

jahu

牛角麵包

sarvesai

麵包捲

kukkel

麵包

leib

吐司

röstsai

餅乾

küpsised

奶油

või

凝乳

kohupiim

蛋糕

kook

蛋

muna

煎蛋

praemuna

起司

juust

冰淇淋

jäätis

糖

suhkur

蜂蜜

mesi

果醬

moos

巧克力醬

pähklivõie

咖哩

karri

農場
talu

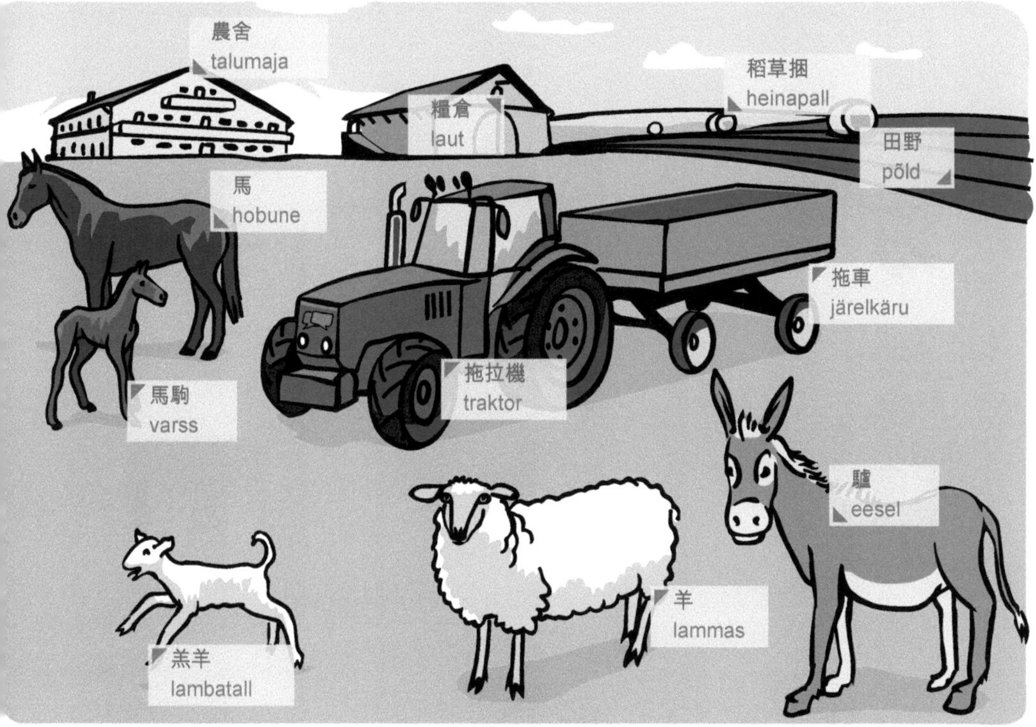

農舍
talumaja
糧倉
laut
稻草捆
heinapall
田野
põld
馬
hobune
拖車
järelkäru
馬駒
varss
拖拉機
traktor
驢
eesel
羊
lammas
羔羊
lambatall

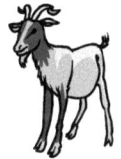

山羊

kits

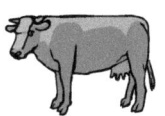

奶牛

lehm

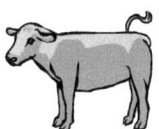

小牛

vasikas

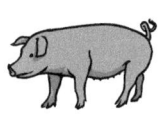

豬

siga

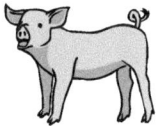

小豬

põrsas

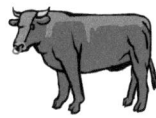

公牛

pull

鵝

hani

鴨

part

小雞

tibu

母雞

kana

公雞

kukk

鼠

rott

貓

kass

老鼠

hiir

牛

härg

狗

koer

狗屋

koerakuut

花園澆水軟管

aiavoolik

澆水壺

kastekann

長柄大鐮刀

vikat

犁

ader

鐮刀
sirp

鋤頭
kõblas

長柄草耙
hang

斧頭
kirves

獨輪手推車
käru

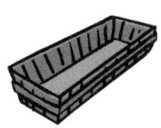

飼料槽
küna

牛奶罐
piimanõu

麻布袋
kott

柵欄
tara

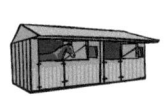

馬廄
tall

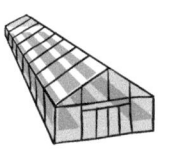

溫室
kasvuhoone

土壤
muld

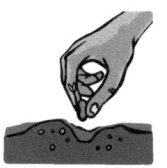

種子
seeme

肥料
väetis

聯合收割機
kombain

收割

saaki koristama

收割

saagikoristus

地瓜

jamss

小麥

nisu

大豆

soja

土豆

kartul

玉米

mais

油菜籽

raps

果樹

viljapuu

樹薯

maniokk

穀物

teravili

煙囪
korsten

屋頂
katus

落水管
vihmaveetoru

窗戶
aken

車庫
garaaž

門鈴
uksekell

門
uks

垃圾桶
prügikast

信箱
postkast

花園
aed

客廳
elutuba

浴室
vannituba

廚房
köök

臥室
magamistuba

兒童房
lastetuba

餐廳
söögituba

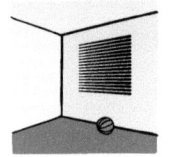

地板

põrand

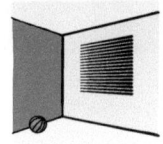

牆壁

sein

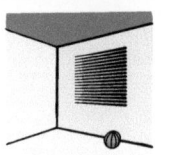

天花板

lagi

地窖

kelder

三溫暖

saun

陽臺

rõdu

露臺

terrass

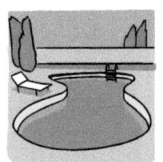

游泳池

bassein

割草機

muruniiduk

被單

voodilina

床罩

päevatekk

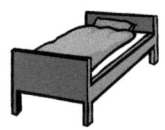

床

voodi

掃帚

luud

水桶

ämber

開關

lüliti

客廳

elutuba

壁紙
tapeet
相片
pilt
檯燈
lamp
擱架
riiul
櫥櫃
kapp
電視
televiisor
壁爐
kamin
花
lill
墊子
padi
沙發
diivan
花瓶
vaas
遙控器
kaugjuhtimispult

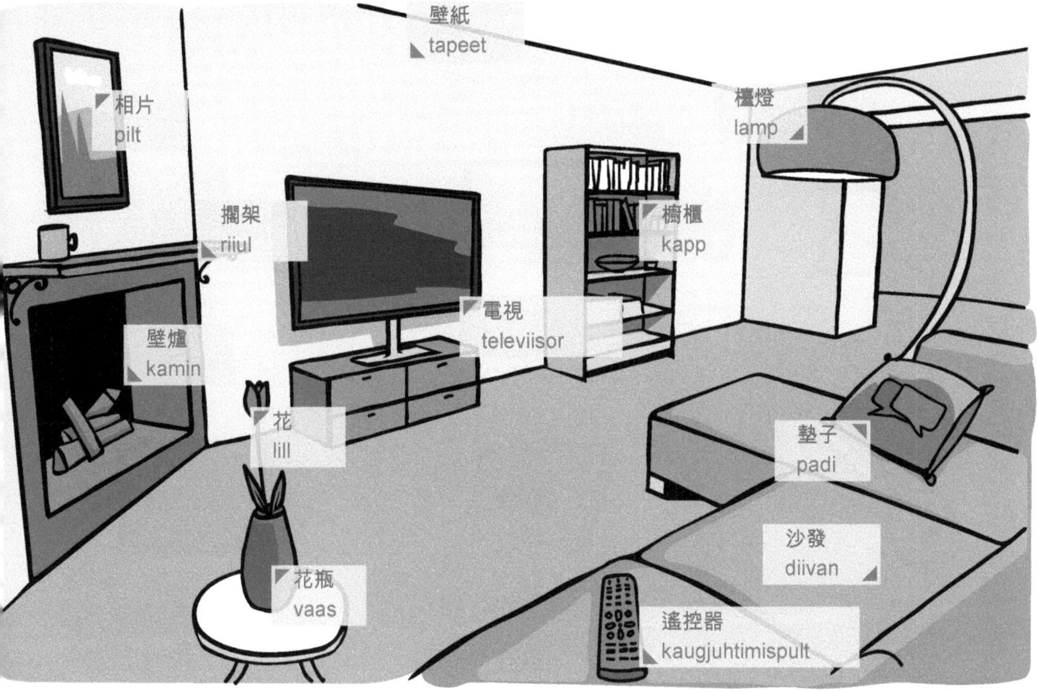

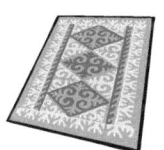

地毯

vaip

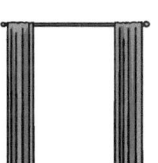

窗簾

kardin

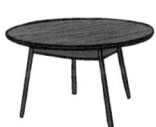

餐桌

laud

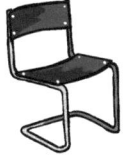

椅子

tool

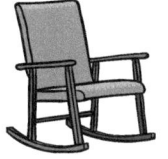

搖椅

kiiktool

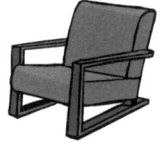

扶手椅

tugitool

書
raamat

毯子
tekk

裝飾品
kaunistus

木柴
küttepuud

電影
film

高傳真音響
helisüsteem

鑰匙
võti

報紙
ajaleht

油畫
maal

海報
plakat

收音機
raadio

筆記本
märkmik

吸塵器
tolmuimeja

仙人掌
kaktus

蠟燭
küünal

廚房
köök

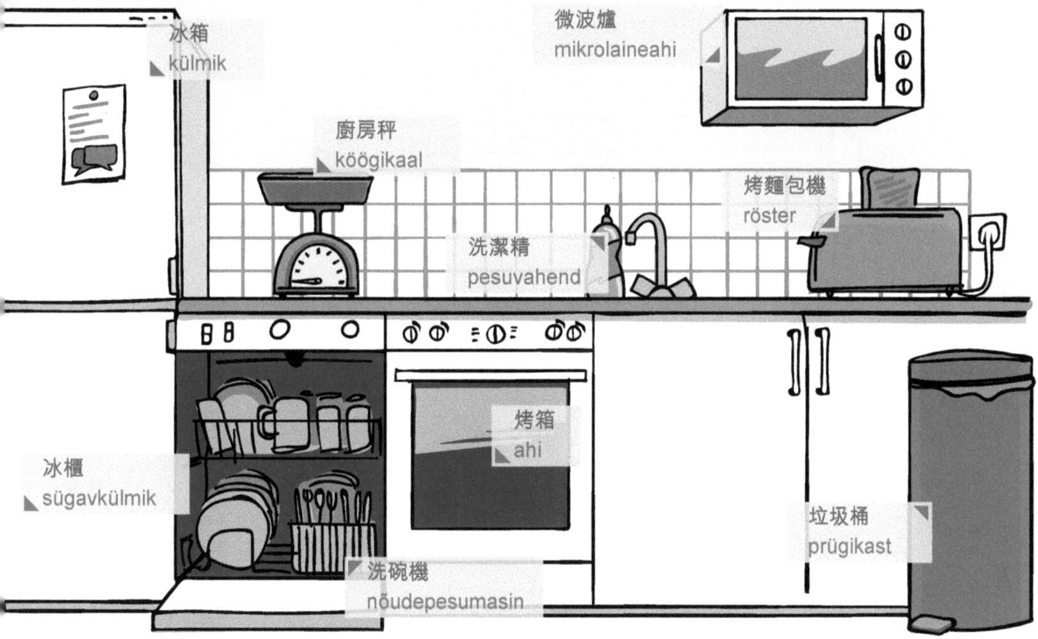

冰箱
külmik
微波爐
mikrolaineahi
廚房秤
köögikaal
烤麵包機
röster
洗潔精
pesuvahend
烤箱
ahi
冰櫃
sügavkülmik
垃圾桶
prügikast
洗碗機
nõudepesumasin

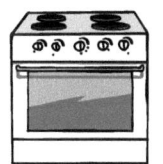

炊具

pliit

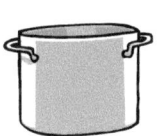

鍋

pott

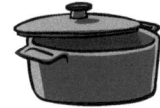

鑄鐵鍋

malmpott

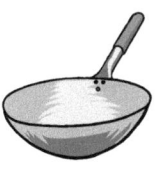

炒鍋

vokkpann

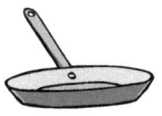

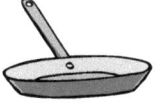

平底鍋

pann

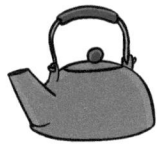

水壺

veekeetja

蒸鍋

aurutaja

烤盤

küpsetusplaat

陶瓷鍋

lauanõud

馬克杯

kruus

碗

kauss

筷子

söögipulgad

長柄勺

kulp

鏟子

pannilabidas

攪拌器

vispel

濾網

kurn

篩子

sõel

磨碎機

riiv

研缽

uhmer

燒烤

grill

明火

lahtine tuli

菜板

lõikelaud

擀麵杖

tainarull

開瓶器

korgitser

罐子

konservipurk

開罐器

konserviavaja

隔熱手套

pajakinnas

水槽

kraanikauss

刷子

hari

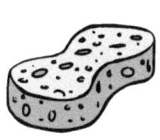

海綿

pesukäsn

攪拌機

kannmikser

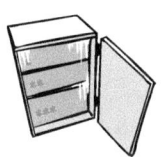

冷藏箱

sügavkülmuti

奶瓶

lutipudel

水龍頭

segisti

浴室

vannituba

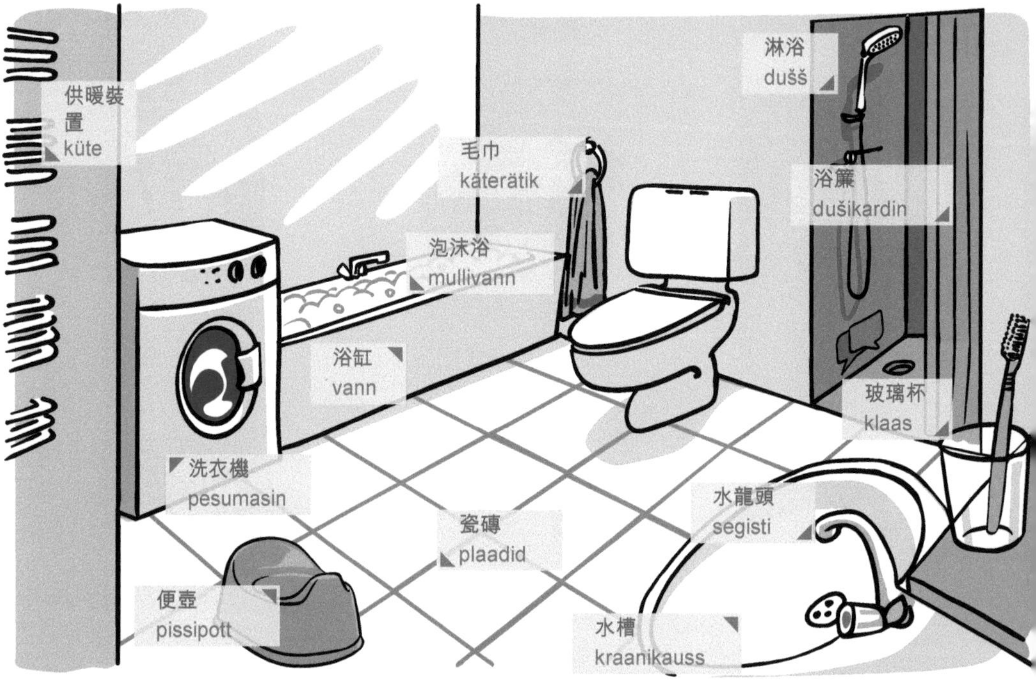

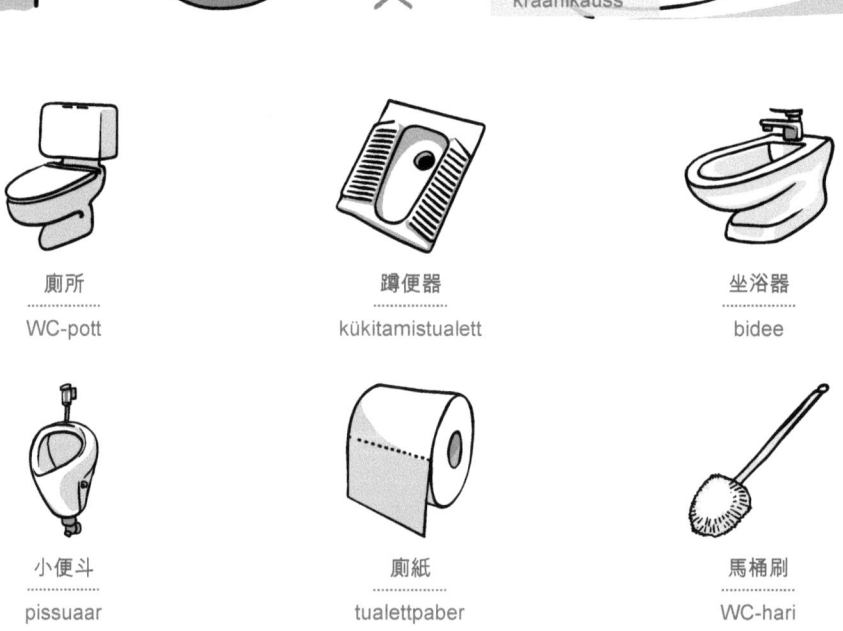

供暖裝置
küte
毛巾
käterätik
淋浴
dušš
浴簾
dušikardin
泡沫浴
mullivann
浴缸
vann
洗衣機
pesumasin
瓷磚
plaadid
水龍頭
segisti
玻璃杯
klaas
便壺
pissipott
水槽
kraanikauss

廁所
WC-pott

蹲便器
kükitamistualett

坐浴器
bidee

小便斗
pissuaar

廁紙
tualettpaber

馬桶刷
WC-hari

牙刷
hambahari

牙膏
hambapasta

牙線
hambaniit

洗
pesema

手持式蓮蓬頭
käsidušš

沖洗器
intiimdušš

洗臉盆
pesukauss

洗背刷
seljahari

肥皂
seep

沐浴露
dušigeel

洗髮乳
šampoon

法蘭絨
vamm

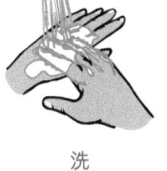

排水
äravool

乳霜
kreem

除臭劑
deodorant

鏡子

peegel

手鏡

käsipeegel

刮鬍刀

habemenuga

刮鬍泡沫

raseerimisvaht

鬍後水

habemevesi

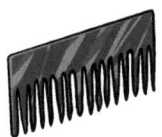

梳子

kamm

刷子

hari

吹風機

föön

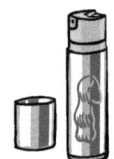

噴髮定型劑

juukselakk

化妝品

meigikomplekt

唇膏

huulepulk

指甲油

küünelakk

化妝棉

vatt

指甲剪

küünekäärid

香水

parfüüm

洗漱包

tualett-tarvete kott

凳子

taburet

計重秤

kaal

浴袍

hommikumantel

橡膠手套

kummikindad

衛生棉條

tampoon

衛生棉

hügieeniside

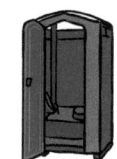

化學廁所

keemiline tualett

兒童房

lastetuba

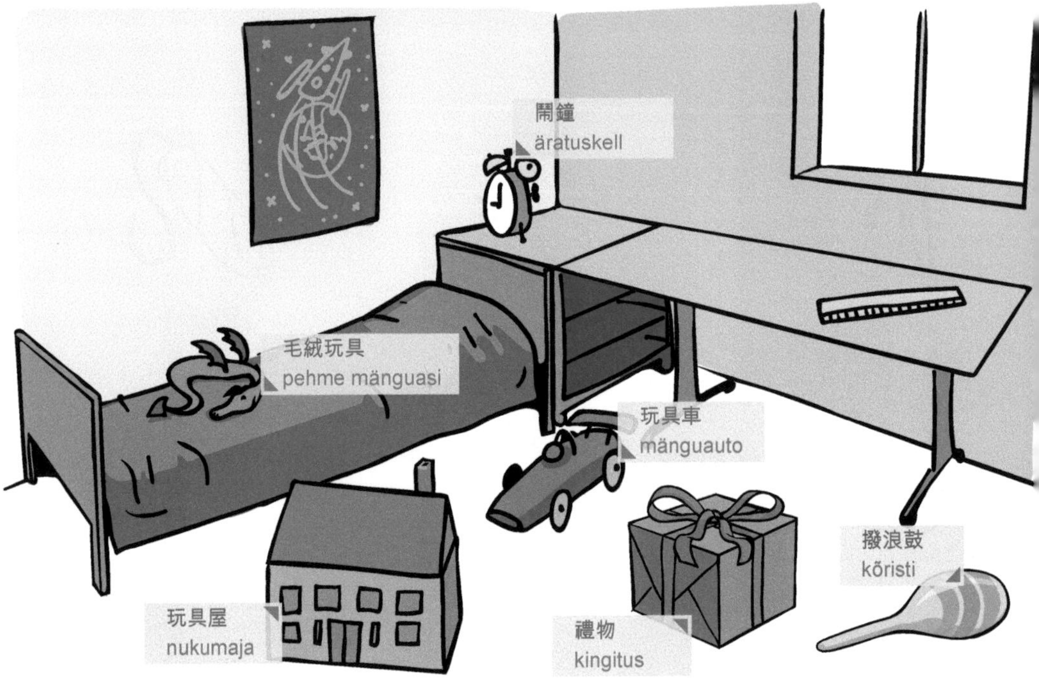

鬧鐘
äratuskell
毛絨玩具
pehme mänguasi
玩具車
mänguauto
撥浪鼓
kõristi
玩具屋
nukumaja
禮物
kingitus

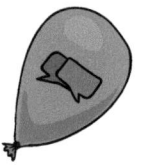

氣球

õhupall

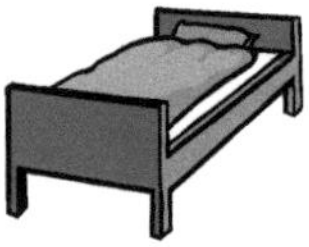

床

voodi

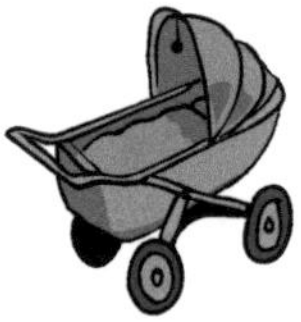

嬰兒車

lapsevanker

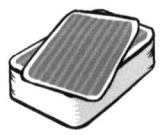

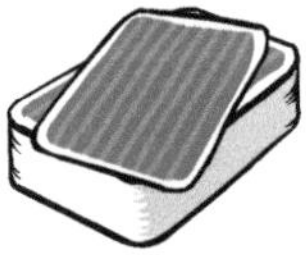

撲克牌

kaardipakk

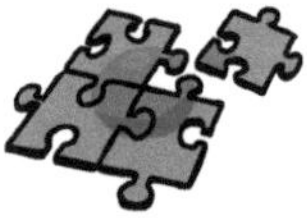

拼圖

pusle

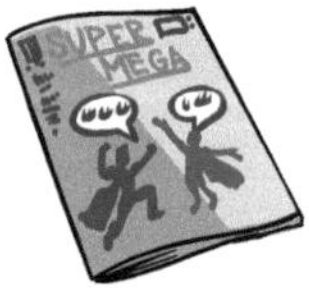

SUPER
MEGA

漫畫

koomiks

樂高積木

Lego klotsid

積木玩具

klotsid

公仔

kujuke

嬰兒服

siputuspüksid

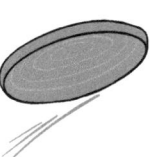

飛盤

lendav taldrik

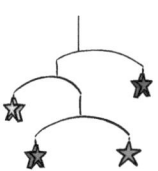

床鈴玩具

voodikarussell

棋盤遊戲

lauamäng

骰子

täringud

火車模型

mudelrong

安撫奶嘴

lutt

派對

pidu

繪本

pildiraamat

球

pall

洋娃娃

nukk

玩

mängima

沙坑

liivakast

鞦韆

kiik

玩具

mänguasjad

電玩遊戲

mängukonsool

三輪車

kolmerattaline jalgratas

泰迪熊

mängukaru

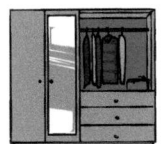

衣櫃

riidekapp

衣服

riietus

襪子

sokid

長襪

sukad

緊身褲

sukkpüksid

圍巾
sall

雨傘
vihmavari

T恤
T-särk

皮帶
vöö

運動鞋
tossud

靴子
saapad

拖鞋
sussid

涼鞋
sandaalid

鞋
jalatsid

雨靴
kummikud

內褲
aluspüksid

胸罩
rinnahoidja

背心
vest

身體
bodi

褲子
püksid

牛仔褲
teksapüksid

短裙
seelik

女式襯衫
pluus

襯衫
särk

套頭衫
sviiter

連帽上衣
dressipluus

西裝夾克
bleiser

夾克
jakk

外套
mantel

雨衣
vihmamantel

套裝
kostüüm

連衣裙
kleit

婚紗
pulmakleit

西裝
ülikond

睡袍
öösärk

睡衣
pidžaama

莎麗
sari

頭巾
pearätt

包頭巾
turban

波卡
burka

卡夫坦
kaftan

(阿拉伯式)長袍
abayah

泳衣
ujumistrikoo

男式泳褲
ujumispüksid

短褲
lühikesed püksid

運動服
dressid

圍裙
põll

手套
kindad

鈕扣

nööp

眼鏡

prillid

手鏈

käevõru

項鍊

kaelakee

戒指

sõrmus

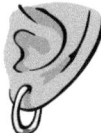

耳環

kõrvarõngas

便帽

nokamüts

衣架

riidepuu

帽子

kaabu

領帶

lips

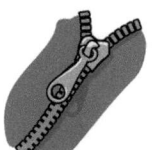

拉鍊

tõmblukk

安全帽

kiiver

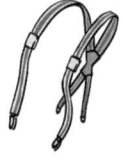

背帶

traksid

校服

koolivorm

制服

vormirõivad

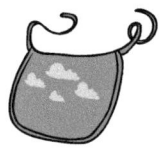

圍兜
pudipõll

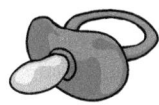

安撫奶嘴
lutt

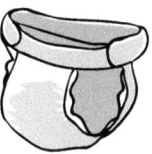

尿布
mähe

辦公室
kontor

伺服器
server
檔案櫃
arhiivikapp
印表機
printer
紙
paber
螢幕
monitor
滑鼠
hiir
辦公桌
kirjutuslaud
資料夾
kaust
鍵盤
klaviatuur
廢紙簍
paberikorv
電腦
arvuti
椅子
tool

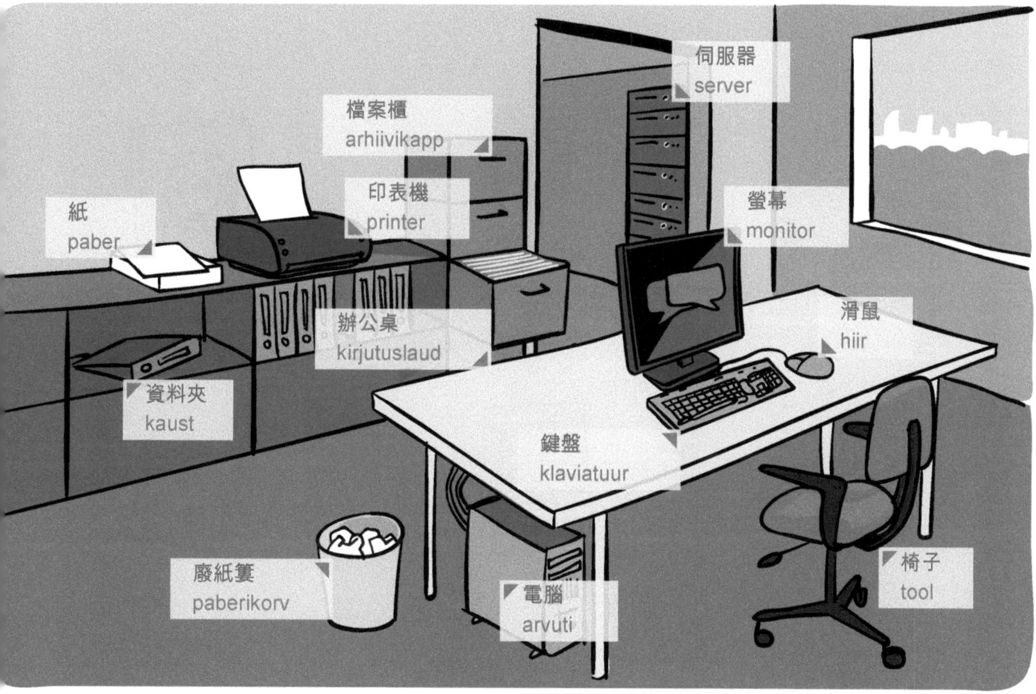

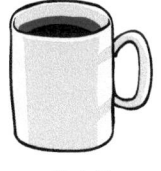

咖啡杯
kohvikruus

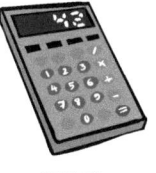

計算機
kalkulaator

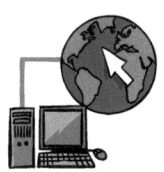

網際網路
internet

筆記型電腦
süleaarvuti

信件
kiri

簡訊
sõnum

行動電話
mobiiltelefon

網路
võrk

影印機
koopiamasin

軟體
tarkvara

電話
telefon

插座
pistikupesa

傳真機
faksimasin

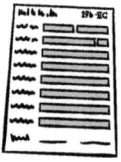

表格
vorm

檔案
dokument

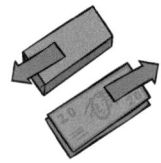

買
ostma

付錢
maksma

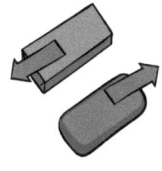

交易
vahetama

現金
raha

美元
dollar

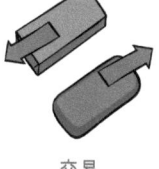

歐元
euro

日元
jeen

盧布
rubla

瑞士法郎
Šveitsi frank

人民幣
renminbi jüaan

盧比
ruupia

提款處
sularahaautomaat

外幣兌換處

valuutavahetuspunkt

金

kuld

銀

hõbe

石油

nafta

能源

energia

價格

hind

合約

leping

稅金

maks

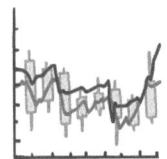

股票

aktsia

工作

töötama

職員

töötaja

老闆

tööandja

工廠

tehas

商店

kauplus

職業

ametid

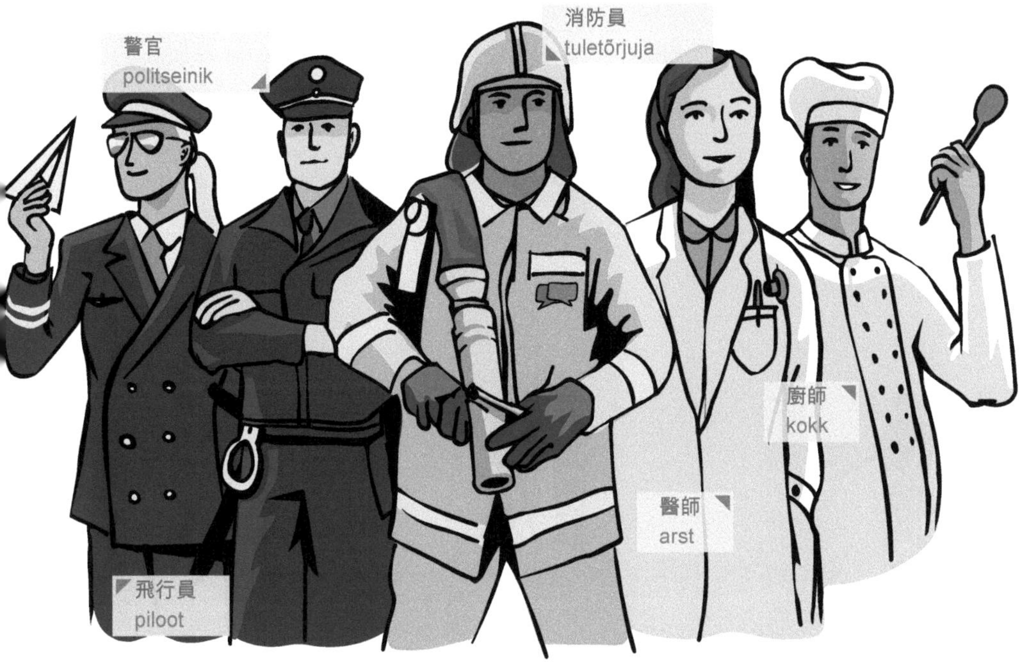

警官
politseinik
消防員
tuletõrjuja
廚師
kokk
醫師
arst
飛行員
piloot

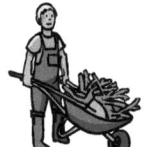

園丁

aednik

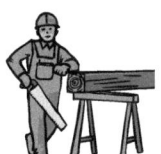

木匠

puusepp

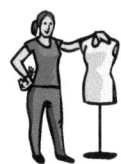

裁縫

õmbleja

法官

kohtunik

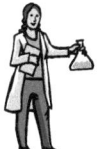

化學家

keemik

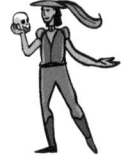

演員

näitleja

公車司機

bussijuht

計程車司機

taksojuht

漁夫

kalamees

清洗女工

koristaja

屋頂工

katusepaigaldaja

服務生

kelner

獵人

jahimees

畫家

maaler

麵包師

pagar

電工

elektrik

建築工人

ehitaja

工程師

insener

屠夫

lihunik

水管工

torumees

郵差

postiljon

士兵

sõdur

建築師

arhitekt

收銀員

kassapidaja

花農

lillemüüja

理髮師

juuksur

售票員

piletikontrolör

機械技師

mehaanik

船長

kapten

牙醫

hambaarst

科學家

teadlane

拉比

rabi

伊瑪目

imaam

和尚

munk

牧師

preester

工具
tööriistad

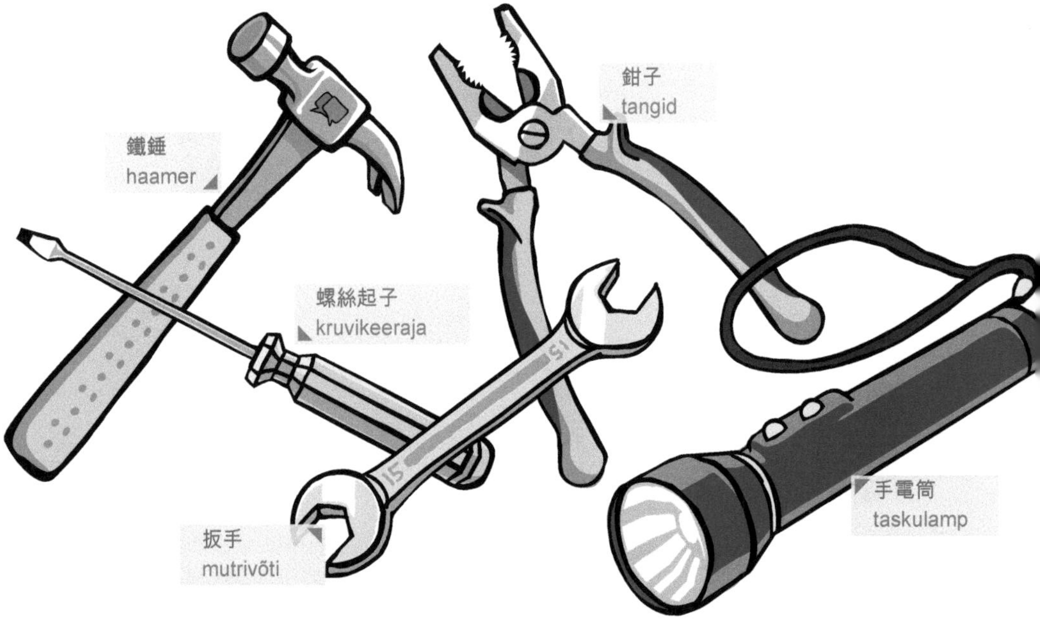

鉗子
tangid
鐵錘
haamer
螺絲起子
kruvikeeraja
扳手
mutrivõti
手電筒
taskulamp

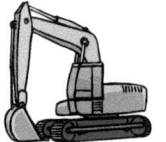

挖掘機

ekskavaator

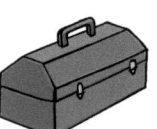

工具箱

tööriistakast

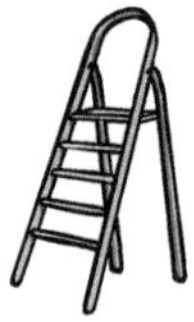

梯子

redel

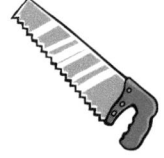

鋸子

saag

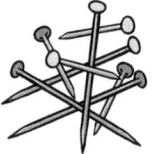

釘子

naelad

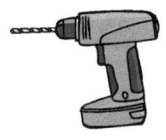

鑽機

trell

修

parandama

鏟子

labidas

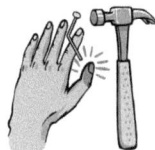

糟糕！

Põrgusse!

畚箕

kühvel

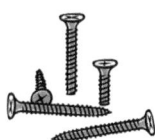

油漆桶

värvipott

螺絲

kruvid

樂器

pillid

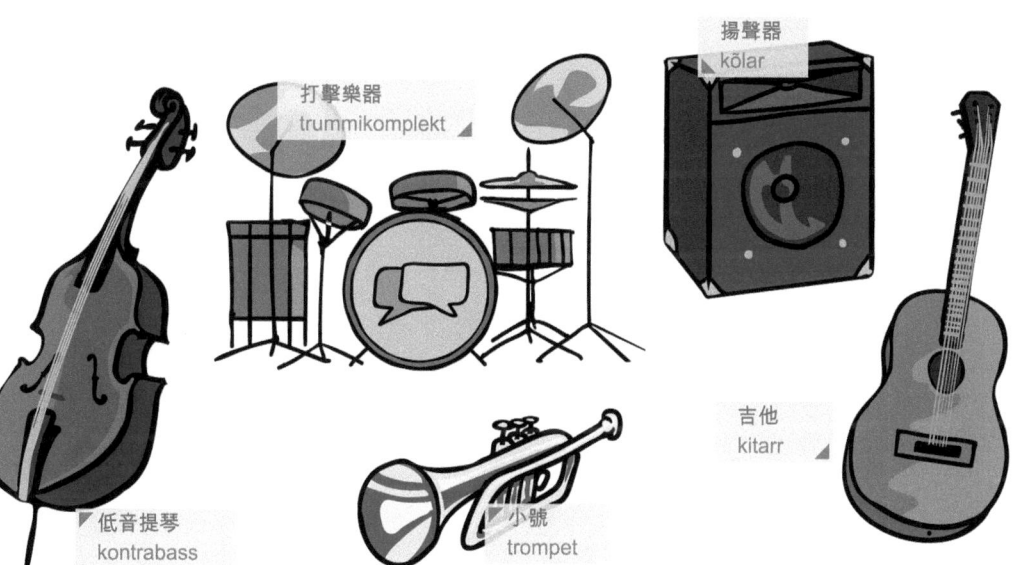

打擊樂器
trummikomplekt

揚聲器
kõlar

吉他
kitarr

低音提琴
kontrabass

小號
trompet

鋼琴

klaver

小提琴

viiul

貝斯

bass

定音鼓

timpan

鼓

trummid

電子琴

süntesaator

薩克斯風

saksofon

長笛

flööt

麥克風

mikrofon

動物園

loomaaed

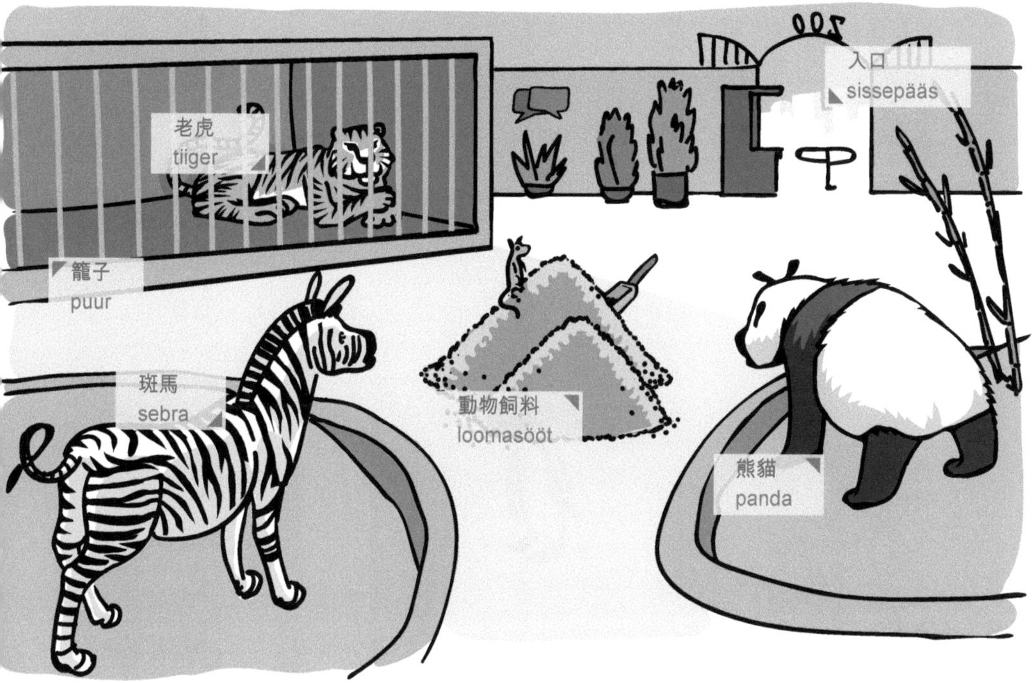
入口
sissepääs
老虎
tiiger
籠子
puur
斑馬
sebra
動物飼料
loomasööt
熊貓
panda

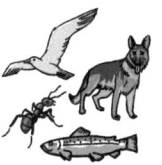

動物

loomad

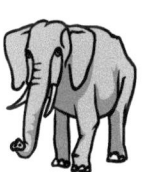

大象

elevant

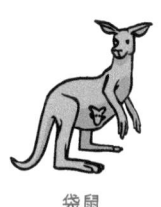

袋鼠

känguru

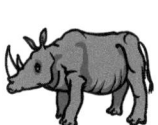

犀牛

ninasarvik

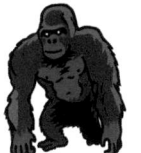

大猩猩

gorilla

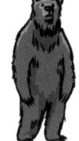

熊

karu

駱駝
kaamel

鴕鳥
jaanalind

獅子
lõvi

猴子
ahv

紅鶴
flamingo

鸚鵡
papagoi

北極熊
jääkaru

企鵝
pingviin

鯊魚
hai

孔雀
paabulind

蛇
madu

鱷魚
krokodill

動物園管理員
loomaaiatalitaja

海豹
hüljes

美洲豹
jaaguar

矮種馬

poni

豹

leopard

河馬

jõehobu

長頸鹿

kaelkirjak

老鷹

kotkas

野豬

metssiga

魚

kala

龜

kilpkonn

海象

morsk

狐狸

rebane

羚羊

gasell

橄欖球
Ameerika jalgpall

騎腳踏車
jalgrattasõit

網球
tennis

籃球
korvpall

游泳
ujumine

拳擊
poksimine

冰球
jäähoki

美式足球
jalgpall

羽毛球
sulgpall

田徑
kergejõustik

手球
käsipall

滑雪
suusatamine

馬球
polo

跳
hüppama

擁抱
kallistama

笑
naerma

走路
jalutama

唱
laulma

做夢
unistama

祈禱
palvetama

親吻
suudlema

書寫
kirjutama

畫
joonistama

展示
näitama

推
lükkama

給
andma

拿
võtma

有
omama

做
tegema

當
olema

站
seisma

跑
jooksma

拉
tõmbama

丟
viskama

摔倒
kukkuma

躺
lamama

等待
ootama

攜帶
kandma

坐
istuma

穿衣
riidesse panema

睡覺
magama

醒來
ärkama

看
vaatama

哭
nutma

擊
paitama

梳頭
kammima

交談
rääkima

明白
aru saama

問
küsima

聽
kuulama

喝
jooma

吃
sööma

清理
korrastama

愛
armastama

做飯
süüa tegema

開車
sõitma

飛
lendama

航行

purjetama

計算

arvutama

讀

lugema

學習

õppima

工作

töötama

結婚

abielluma

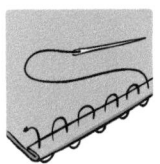

縫

õmblema

刷牙

hambaid pesema

殺

tapma

抽菸

suitsetama

寄

saatma

家
perekond

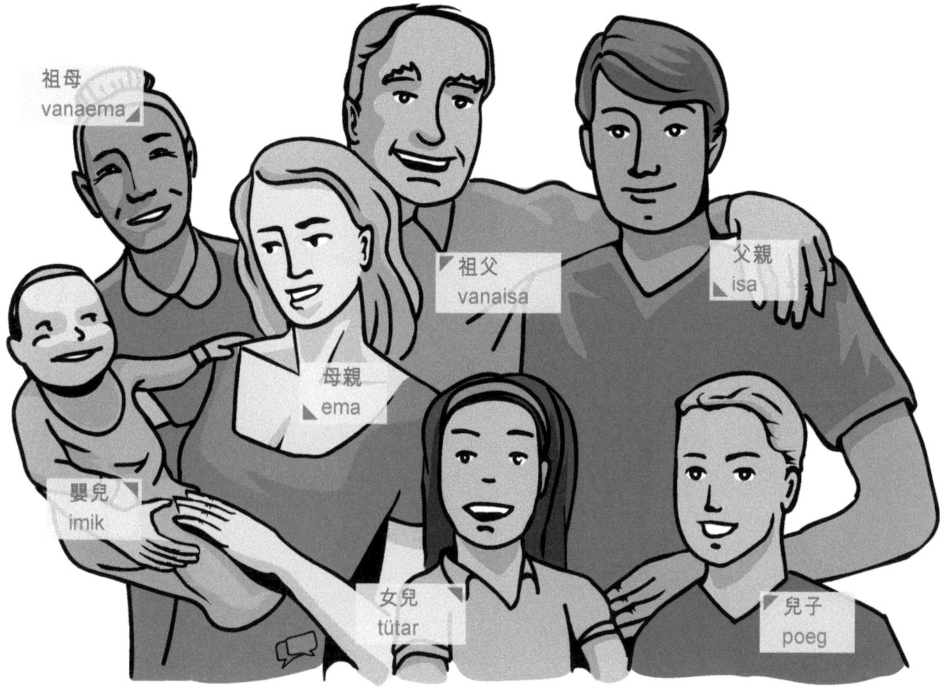
祖母
vanaema
祖父
vanaisa
父親
isa
母親
ema
嬰兒
imik
女兒
tütar
兒子
poeg

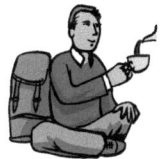

客人

külaline

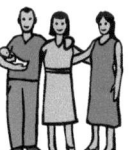

阿姨

tädi

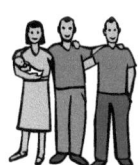

叔叔

onu

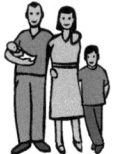

兄弟

vend

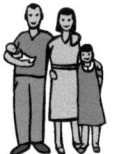

姐妹

õde

身體
keha

前額
otsmik
眼睛
silm
肩膀
õlg
手指
sõrm
臉
nägu
下巴
lõug
手
käsi
腿
jalg
乳房
rind
手臂
käsivars

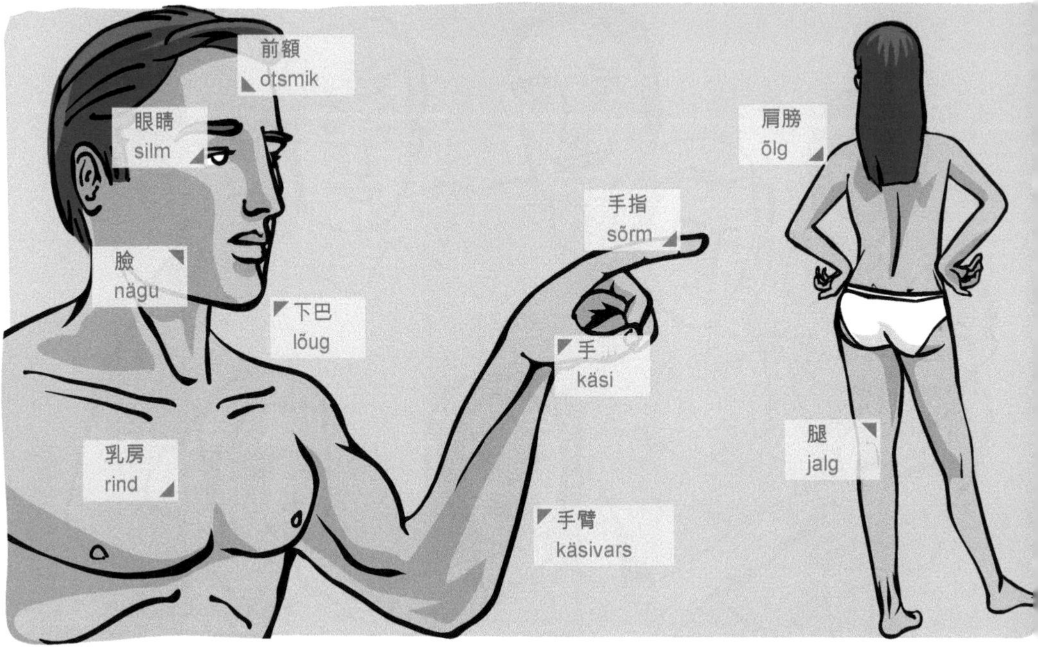

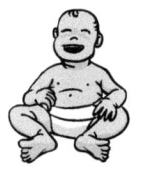

嬰兒
imik

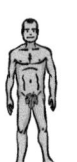

男人
mees

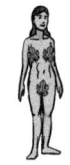

女人
naine

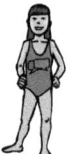

女孩
tüdruk

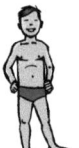

男孩
poiss

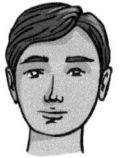

頭
pea

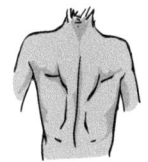

背部

selg

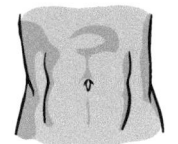

肚子

kõht

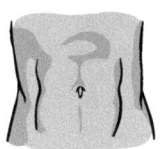

肚臍

naba

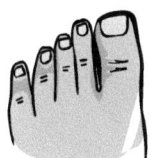

腳趾

varvas

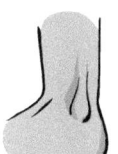

腳後跟

kand

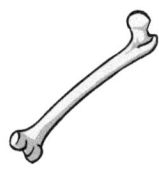

骨頭

luu

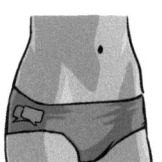

臀部

puus

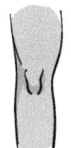

膝蓋

põlv

手肘

küünarnukk

鼻子

nina

屁股

tagumik

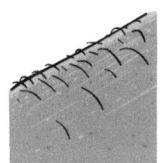

皮膚

nahk

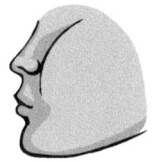

臉頰

põsk

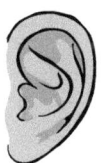

耳朵

kõrv

嘴唇

huuled

嘴
....
suu

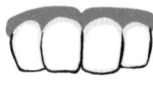

牙齒
....
hammas

舌頭
....
keel

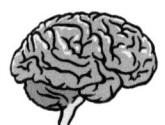

腦
....
aju

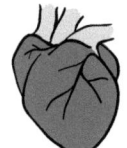

心臟
....
süda

肌肉
....
lihas

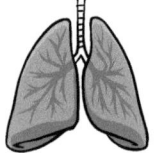

肺
....
kops

肝臟
....
maks

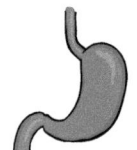

胃
....
magu

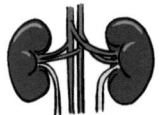

腎臟
....
neerud

性交
....
seksuaalvahekord

保險套
....
kondoom

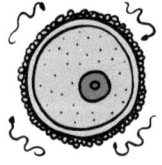

卵子
....
munarakk

精子
....
sperma

懷孕
....
rasedus

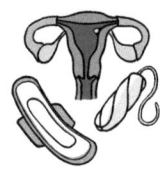

月事

menstruatsioon

陰道

vagiina

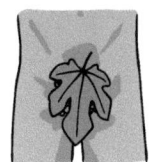

陰莖

peenis

眉毛

kulm

頭髮

juuksed

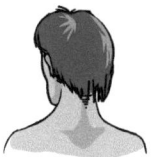

脖子

kael

醫院

haigla

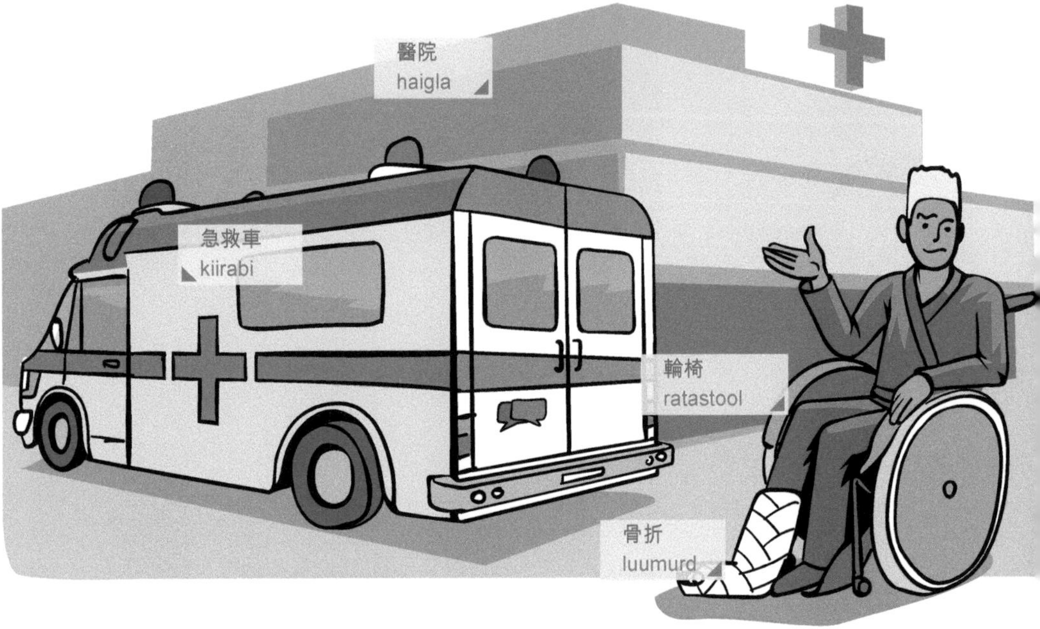

醫院
haigla
急救車
kiirabi
輪椅
ratastool
骨折
luumurd

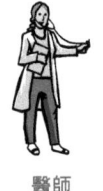

醫師

arst

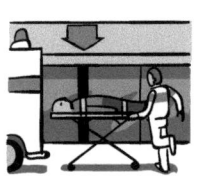

急診室

traumapunkt

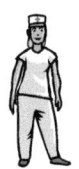

護理師

meditsiiniõde

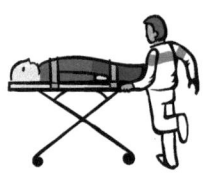

緊急情形

hädaolukord

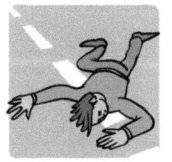

昏迷

teadvuseta

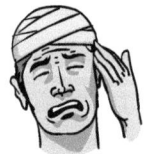

痛

valu

受傷
vigastus

出血
verejooks

心臟病發作
südamerabandus

中風
insult

過敏
allergia

咳嗽
köha

發燒
palavik

流感
gripp

腹瀉
kõhulahtisus

頭痛
peavalu

癌症
vähk

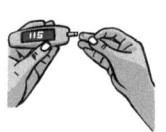

糖尿病
diabeet

外科醫師
kirurg

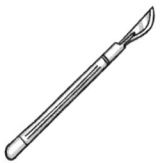

手術刀
skalpell

手術
operatsioon

電腦斷層掃描
KT

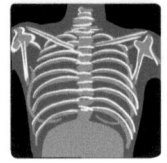

X光
röntgen

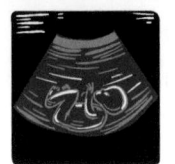

超音波
ultraheli

口罩
mask

疾病
haigus

候診室
ooteruum

拐杖
kark

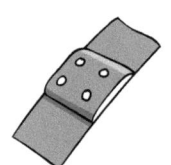

石膏
kips

繃帶
side

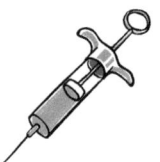

注射
süst

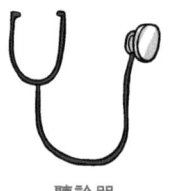

聽診器
stetoskoop

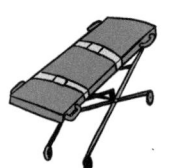

擔架
kanderaam

體溫計
kraadiklaas

出生
sünd

超重
ülekaaluline

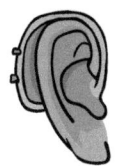

助聽器

kuuldeaparaat

消毒液

desinfektsioonivahend

感染

põletik

病毒

viirus

愛滋病

HIV / AIDS

藥物

meditsiin

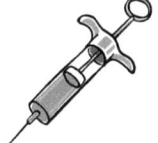

接種疫苗

vaktsineerimine

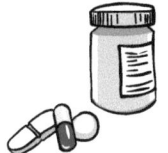

藥片

tabletid

藥丸

pill

急救電話

hädaabikõne

血壓計

vererõhuaparaat

生病/健康

haige / terve

救命！

Appi!

警報

häire

突擊

kallaletung

攻擊

rünnak

危險

oht

緊急出口

avariiväljapääs

失火了！

Tulekahju!

滅火器

tulekustuti

意外

õnnetus

急救箱

esmaabikomplekt

呼救訊號

SOS

員警

politsei

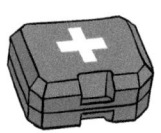

歐洲

Euroopa

北美洲

Põhja-Ameerika

南美洲

Lõuna-Ameerika

非洲

Aafrika

亞洲

Aasia

澳洲

Austraalia

大西洋

Atlandi ookean

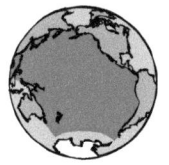

太平洋

Vaikne ookean

印度洋

India ookean

南冰洋

Lõuna-Jäämeri

北冰洋

Põhja-Jäämeri

北極

põhjapoolus

南極
lõunapoolus

南極洲
Antarktika

地球
Maa

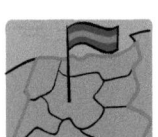

陸地
maismaa

海
meri

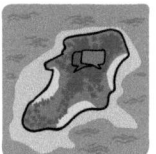

島
saar

國家
rahvus

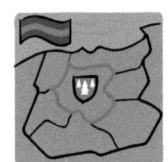

州
riik

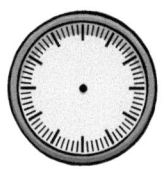

錶盤
sihverplaat

時針
tunniosuti

分針
minutiosuti

秒針
sekundiosuti

現在幾點？
Mis kell on?

天
päev

時間
aeg

現在
praegu

電子錶
digitaalne kell

分
minut

時
tund

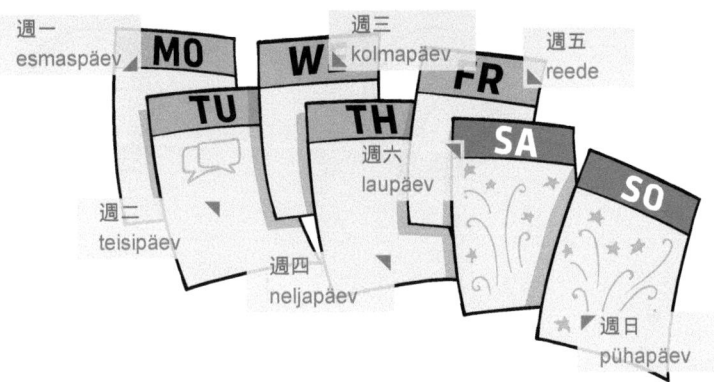

週一 esmaspäev

週三 kolmapäev

週五 reede

週二 teisipäev

週六 laupäev

週四 neljapäev

週日 pühapäev

昨天
....
eile

今天
....
täna

明天
....
homme

早晨
....
hommik

中午
....
lõuna

晚上
....
õhtu

工作日
....
tööpäevad

週末
....
nädalavahetus

彩虹
vikerkaar

雨
vihm

風
tuul

雪
lumi

春
kevad

秋
sügis

夏
suvi

冬
talv

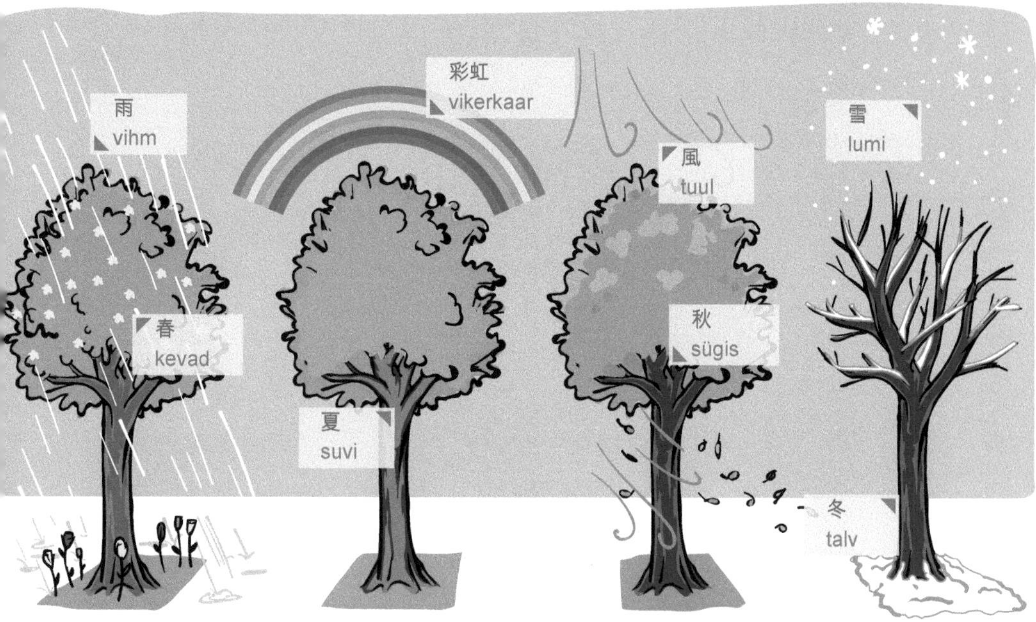

天氣預告

ilmaennustus

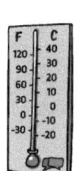

溫度計

termomeeter

陽光

päikesepaiste

雲

pilv

霧

udu

潮濕

niiskus

閃電

pikne

打雷

kõu

風暴

torm

冰雹

rahe

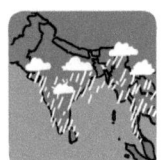

季風

mussoon

洪水

üleujutus

冰

jää

一月

jaanuar

二月

veebruar

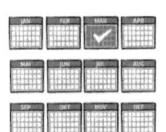

三月

märts

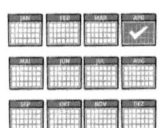

四月

aprill

五月

mai

六月

juuni

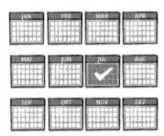

七月

juuli

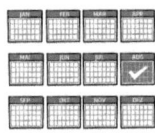

八月

august

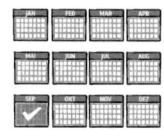

九月

september

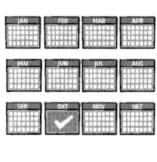

十月

oktoober

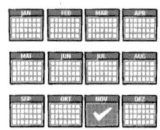

十一月

november

十二月

detsember

形狀

kujundid

圓形

ring

正方形

ruut

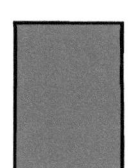

長方形

nelinurk

三角形

kolmnurk

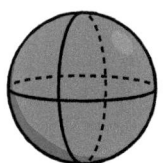

球體

kera

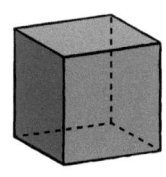

立方體

kuup

白

valge

黃

kollane

橙

oranž

粉

roosa

紅

punane

紫

lilla

藍

sinine

綠

roheline

棕

pruun

灰

hall

黑

must

vastandid

很多/少許

palju / vähe

生氣/平靜

vihane / rahulik

美/醜

ilus / inetu

首/尾

algus / lõpp

大/小

suur / väike

明/暗

hele / tume

兄弟/姐妹

vend / õde

乾淨/骯髒

puhas / must

完整/缺失

täielik / puudulik

白天/晚上

päev / öö

死/生

surnud / elus

寬/窄

lai / kitsas

可食用/非食用

söödav / mittesöödav

邪惡/善良

kuri / sõbralik

興奮/無聊

põnevil / tüdinud

胖/瘦

paks / peenike

第一/最後

esimene / viimane

朋友/敵人

sõber / vaenlane

滿/空

täis / tühi

硬/軟

kõva / pehme

重/輕

raske / kerge

餓/渴

nälg / janu

生病/健康

haige / terve

非法/合法

ebaseaduslik / seaduslik

聰明/愚笨

tark / rumal

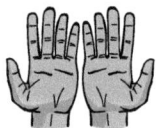

左/右

vasak / parem

近/遠

lähedal / kaugel

新/舊

uus / kasutatud

沒有/有些

mitte midagi / midagi

老/幼

vana / noor

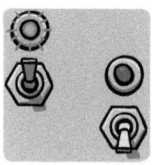

開/關

sees / väljas

打開/闔上

lahti / kinni

安靜/吵鬧

vaikne / vali

富/窮

rikas / vaene

對/錯

õige / vale

粗糙/光滑

kare / sile

傷心/高興

kurb / rõõmus

短/長

lühike / pikk

慢/快

aeglane / kiire

濕/乾

märg / kuiv

溫暖/涼爽

soe / jahe

戰爭/和平

sõda / rahu

反義詞 - vastandid

numbrid

0	**1**	**2**
零	一	二
null	üks	kaks
3	**4**	**5**
三	四	五
kolm	neli	viis
6	**7**	**8**
六	七	八
kuus	seitse	kaheksa
9	**10**	**11**
九	十	十一
üheksa	kümme	üksteist

12
十二
kaksteist

13
十三
kolmteist

14
十四
neliteist

15
十五
viisteist

16
十六
kuusteist

17
十七
seitseteist

18
十八
kaheksateist

19
十九
üheksateist

20
二十
kakskümmend

100
百
sada

1.000
千
tuhat

1.000.000
百萬
miljon

語言
keeled

英語

inglise

美式英語

Ameerika inglise

普通話

mandariini

印地語

hindi

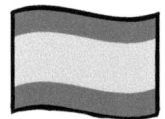

西班牙語

hispaania

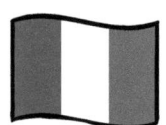

法語

prantsuse

阿拉伯語

araabia

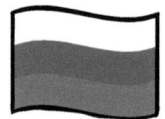

俄語

vene

葡萄牙語

portugali

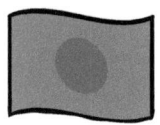

孟加拉語

bengali

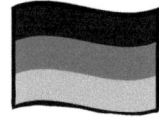

德語

saksa

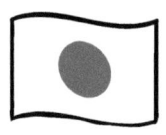

日語

jaapani

我

mina

你

sina

他/她/它

tema

我們

meie

你們

teie

他們

nemad

誰？

kes?

什麼？

mis?

如何？

kuidas?

何處？

kus?

何時？

millal?

名字

nimi

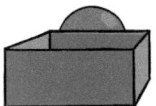

後面

taga

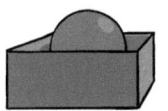

裡面

sees

前面

ees

上方

kohal

上面

peal

下麵

all

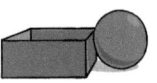

旁邊

kõrval

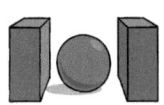

中間

vahel

地點

koht